EXERCICES DE grammaire

EN CONTEXTE

CORRIGÉS

Niveau avancé

Anne Akyüz
Bernadette Bazelle-Shahmaei
Joëlle Bonenfant
Marie-Françoise Flament
Jean Lacroix
Patrice Renaudineau

EUROCENTRES

HACHETTE
Français langue étrangère
43, quai de Grenelle, 75095 Paris Cedex 15.
http://www.fle.hachette-livre.fr

Avertissement :

Les exercices de reconstitution de phrases à partir de mots donnés dans le désordre offrent parfois plusieurs possibilités. Dans ces corrigés, les auteurs n'ont choisi de donner les différentes phrases possibles que lorsque celles-ci étaient vraiment équivalentes. Ainsi quand les propositions subordonnées exprimant la condition peuvent se placer à gauche ou à droite de la proposition principale, les deux solutions figurent dans les corrigés. En revanche, pour les nombreuses variantes dues aux différentes places que peuvent occuper dans la phrase les compléments circonstanciels, les adverbes, le sujet ou parfois même la négation, une seule solution a été privilégiée.

Couverture :   Christophe et Guylaine Moi

**Maquette intérieure
et réalisation :**   MÉDIAMAX

Pour découvrir nos nouveautés,
consulter notre catalogue en ligne,
contacter nos diffuseurs, ou nous écrire,
rendez-vous sur Internet :

www.fle.hachette-livre.fr

ISBN 201155171-4

© HACHETTE LIVRE 2001, 43 quai de Grenelle, 75 905 Paris Cedex 15.
Tous les droits de traduction, de reproduction et d'adaptation réservés pour tous pays.

Sommaire

Sommaire

CHAPITRE 1
L'ARTICLE

■ **Exercice 1**
1. le.
2. une, un.
3. le.
4. d'un.
5. aux.
6. à un, une.

■ **Exercice 2**
1. des.
2. une.
3. une.
4. un.
5. la.
6. des.
7. les.
8. Des.
9. le.
10. la.
11. un.
12. une.
13. La.
14. le.
15. un.
16. les.

■ **Exercice 3**
1. la.
2. des.
3. l'.
4. de la.
5. le.
6. la.
7. une.

8. du.
9. un.
10. de la.

■ **Exercice 4**
1. une.
2. une.
3. l'.
4. d'un.
5. des.
6. le.
7. L'.
8. le.
9. la.
10. les.
11. un.
12. le.
13. de la.
14. Le.
15. une.
16. la.
17. la.
18. d'un.

■ **Exercice 5**
1. le.
2. du.
3. un.
4. l'.
5. une.
6. de l'.
7. la.
8. de la.
9. une.

■ **Exercice 6**
1. du.
2. le.
3. de la.
4. le.
5. du.
6. de l'.
7. de l'.
8. le.
9. du.

■ **Exercice 7**
1. l'.
2. une.
3. de la.
4. de l'.
5. l'.
6. une.
7. Du.
8. de l'.
9. de la.
10. La.
11. le.
12. de l'.

■ **Exercice 8**
1. L'.
2. une.
3. l'.
4. de l'.
5. une.
6. de la.
7. une.
8. la.

9. la.
10. du.

■ **Exercice 9**
1. de.
2. de.
3. de.
4. de.
5. d'.
6. des.
7. une.
8. de.
9. de.
10. de la.

■ **Exercice 10**
1. de.
2. de.
3. de.
4. de.
5. de.
6. du.
7. de la.
8. d'.
9. d'.
10. une.
11. de.
12. de.

■ **Exercice 11**
1. des.
2. des.
3. de la.
4. des.
5. de.
6. de.
7. de.

8. d'.
9. d'.
10. de.

■ **Exercice 12**
1. de.
2. d'.
3. du.
4. des.
5. des.
6. du.
7. des.
8. de.
9. des.
10. de.
11. des.
12. de.

BILAN

■ **Exercice 1**
1. du.
2. de la.
3. le.
4. de.
5. le.
6. de la.
7. l'.
8. de la.
9. la.
10. de.

■ **Exercice 2**
1. de.
2. du.
3. une gousse de.
4. de la.

5. de.
6. de.
7. du.
8. d'.
9. d'.
10. de.

■ **Exercice 3**
1. la.
2. la.
3. une.
4. le.
5. du.
6. au.
7. de la.
8. de la.
9. des.
10. les.
11. l'.
12. d'.
13. la.
14. un.
15. de.
16. de.
17. des.
18. des.
19. des.
20. du.
21. de la.
22. au.
23. des.
24. la.
25. du.
26. de.
27. un.
28. les.

LES ADJECTIFS ET LES PRONOMS INDÉFINIS

■ **Exercice 1**
1. *b. / f. / l.*
2. *e. / g. / k.*
3. *a. / d. / j.*
4. *c. / h. / i.*

■ **Exercice 2**
1. n'importe quelle.
2. n'importe quelle.
3. n'importe quel.
4. n'importe quel.
5. n'importe quels.
6. n'importe quelles.
7. n'importe quel.

■ **Exercice 3**
1. Certains élèves arrivent en retard chaque matin.
2. Ils oublient leurs livres chaque jour.
3. Je répète les mêmes remarques tous les jours.
4. Je donne plusieurs exercices supplémentaires à certains élèves.
5. Je ne rencontre aucun problème dans les autres classes.

6. Je suis fatigué de reprendre toutes mes explications chaque jour.

■ **Exercice 4**
1. quelques.
2. certains.
3. plusieurs.
4. la même.
5. certaines.
6. Certains.
7. Plusieurs.
8. tous les.
9. quelques.
10. d'autres.

■ **Exercice 5**
1. une autre.
2. un autre.
3. la même.
4. d'autres.
5. les mêmes.
6. une autre.
7. les mêmes.

■ **Exercice 6**
1. Je viens de recevoir certains autres documents.
2. J'ai réfléchi à toutes vos autres questions.

3. Aucune autre proposition n'a été faite.
4. Toutes vos autres remarques seront utiles.
5. Tous les autres dossiers seront examinés demain.
6. Nous n'avons abordé aucun autre sujet.

■ **Exercice 7**
1. N'importe laquelle.
2. N'importe lequel.
3. N'importe lesquelles.
4. N'importe lesquelles.
5. N'importe lesquels.
6. N'importe laquelle.

■ **Exercice 8**
1. *b.*
2. *c.*
3. *d.*
4. *a.*
5. *f.*
6. *e.*

■ **Exercice 9**
1. chacune.
2. chacune.
3. chacun.

4. aucun.

5. aucune.

6. chacun.

7. chacune.

8. chacune.

■ Exercice 10

1. La plupart.

2. certains.

3. Chacun.

4. tout.

5. aucun.

6. aucune.

7. la plupart.

8. plusieurs.

9. Quelques-uns.

10. d'autres.

■ Exercice 11

1. quelques-unes.

2. quelqu'un.

3. Quelques-uns.

4. Quelques-uns.

5. quelques-unes.

6. quelqu'un.

7. quelques-uns.

■ Exercice 12

1. J'essaierai de ne rien oublier d'important.

2. J'aurai toujours quelque chose d'intéressant à faire.

3. Je n'achèterai rien d'inutile.

4. Je garderai mon calme si je rencontre quelqu'un de violent. / Si je rencontre quelqu'un de violent, je garderai mon calme.

5. Je ne dirai rien de méchant à personne.

■ Exercice 13

1. n'importe qui.

2. n'importe lequel.

3. n'importe laquelle.

4. n'importe quoi.

5. n'importe qui.

6. n'importe lesquelles.

7. n'importe lequel.

BILAN

■ Exercice 1

1. n'importe quoi.

2. tous.

3. plusieurs.

4. toutes.

5. d'autres.

6. quelques.

7. certaines.

8. Toute.

9. tous.

10. Une autre.

11. quelque chose.

12. quelqu'un.

■ Exercice 2

1. chaque.

2. chaque.

3. d'autres.

4. Certains.

5. d'autres.

6. chacun.

7. quelques.

8. certains.

9. tout.

10. une autre.

■ Exercice 3

1. chaque.

2. tous.

3. quelques-uns.

4. quelque chose.

5. tout.

6. même.

7. chacun.

8. quelques.

9. n'importe qui.

10. tout.

11. toutes.

12. rien.

CHAPITRE 3
LES PRONOMS PERSONNELS COMPLÉMENTS

■ Exercice 1
1. d'elle.
2. la.
3. me.
4. lui.
5. vous.
6. l'.
7. vous.
8. lui.
9. lui.
10. me.
11. la.
12. vous.
13. moi.

■ Exercice 2
1. Vous les aidez à faire leurs devoirs ?
2. Vous discutez avec eux ?
3. Vous leur donnez de l'argent de poche ?
4. Vous vous faites du souci pour eux ?
5. Vous leur faites confiance ?
6. Vous passez du temps avec eux ?
7. Vous les écoutez quand ils ont un problème ?

■ Exercice 3
1. les.
2. les.
3. se.
4. les.
5. leur.
6. en.
7. leur.
8. les.
9. eux.
10. m'.
11. leur.
12. leur.
13. s'.
14. vous.

■ Exercice 4
1. arrivé.
2. approchée.
3. demandé.
4. prise.
5. rendu.
6. repris.
7. remerciées.
8. dit.
9. arrêtée.
10. quittée.
11. mise.
12. injuriées.
13. suivies.
14. souvenue.
15. répété.
16. dit.

■ Exercice 5
1. Les invitations, je les ai envoyées.
2. La salle, je l'ai réservée.
3. Les fleurs, je les ai commandées.
4. Les boissons, je les ai achetées.
5. Les nappes, je les ai repassées.
6. Les bouteilles de champagne, je les ai mises au frais.
7. La vaisselle, je l'ai sortie.

■ Exercice 6
1. l'a votée.
2. en a parlé.
3. l'ont critiquée.
4. y ont adhéré.
5. l'ont condamnée.
6. l'ont applaudie.
7. l'ont regrettée.
8. l'ont combattue.

■ Exercice 7
1. y.
2. le, en.
3. le, le.
4. y.
5. y.

6. en.

7. en.

8. le.

■ Exercice 8

1. en.

2. n'y.

3. l'.

4. y.

5. le.

6. les.

7. en.

8. les.

9. J'en.

10. le.

11. le.

12. en.

13. les.

14. la.

15. en.

16. les.

■ Exercice 9

1. *f.*

2. *c.*

3. *a.*

4. *e.*

5. *b.*

6. *d.*

■ Exercice 10

1. Rédigez-m'en un avant ce soir.

2. Soyez gentille, apportez-le lui.

3. Rappelez-le moi, s'il vous plaît.

4. Donnez-leur en une cet après-midi.

5. Dites-la lui immédiatement.

6. Apportez-m'en un tout de suite.

■ Exercice 11

1. vous en.

2. me l' / nous l'.

3. nous le.

4. vous en.

5. vous la.

6. vous l'.

■ Exercice 12

1. lui en.

2. t'en.

3. la lui, me la.

4. leur en, nous en.

5. lui en.

6. les lui, les lui.

7. leur en, m'en.

8. vous la, nous la.

■ Exercice 13

1. Vous n'avez pas pu lui en parler avant ?

2. Je ne peux pas le lui dire avant demain.

3. Vous pensez l'en informer ?

4. Je ne vais pas le lui annoncer.

5. Il n'a pas voulu vous le demander.

6. Vous devrez m'y faire penser.

■ Exercice 14

1. Tu veux bien me les montrer ?

2. Tu n'oublieras pas de la leur poster !

3. Essaie de les lui expliquer !

4. Demande-lui s'il peut me la rendre.

5. Pourras-tu m'en rapporter une boîte ?

6. Je ne veux pas la lui prêter !

BILAN

■ Exercice 1

1. en.

2. en.

3. te.

4. moi.

5. n'en.

6. t'.

7. lui.

8. le.

9. l'.
10. s'.
11. lui.
12. le.
13. Toi.
14. moi.
15. t'.
16. Moi.
17. t'.
18. j'en.

■ **Exercice 2**
1. les.
2. eux.
3. les leur.
4. les.

5. en, une.
6. s'en.
7. les leur.
8. l'.
9. les.
10. nous.
11. nous y.
12. vous.
13. leur en.
14. eux.
15. vous.
16. leur.

■ **Exercice 3**
1. l'.
2. mise.

3. j'en.
4. rangé.
5. les.
6. posés.
7. le lui.
8. les.
9. retrouvés.
10. vous.
11. cherchés.
12. l'.
13. vue.
14. l'.
15. laissée.
16. l'.
17. égarée.

LES PRONOMS RELATIFS

■ Exercice 1
1. que.
2. dont.
3. que.
4. dont.
5. que.
6. que.
7. dont.

■ Exercice 2
1. dont elle rêvait depuis longtemps.
2. dont je me sers beaucoup.
3. dont elle est folle.
4. dont le prix était abordable.
5. dont il avait envie.
6. dont toutes mes amies sont jalouses.

■ Exercice 3
1. qui.
2. que.
3. qu'.
4. dont.
5. qui.
6. qui.
7. dont.
8. dont.
9. que.
10. qui.
11. qu'.
12. qu'.
13. que.
14. dont.
15. dont.
16. que.
17. dont.
18. qui.

■ Exercice 4
1. qui.
2. où.
3. où.
4. qui.
5. qu'.
6. dont.
7. où.
8. qui.
9. où.
10. dont.
11. que.
12. que.
13. qui.

■ Exercice 5
1. vues.
2. essayées.
3. achetées.
4. trouvée.
5. mise.
6. offerts.
7. regardé.
8. montrées.

■ Exercice 6
1. Voici un objet dont une partie est en métal et qui sert à ouvrir les bouteilles de vin.
2. Je vais maintenant vous montrer un appareil qui est utilisé pour communiquer, qu'on emporte avec soi, dont tout le monde sait se servir et où il y a beaucoup d'électronique.
3. Voici un objet dont les fumeurs ne se séparent jamais, que les enfants ne doivent pas toucher, où on met du gaz et qui peut être jetable.

■ Exercice 7
1. ce qu'.
2. ce qui.
3. ce qui.
4. Ce qui.
5. ce dont.
6. ce que.
7. Ce que.
8. ce dont.

9. ce qu'.
10. ce qu'.

■ Exercice 8
1. ce que.
2. ce que.
3. ce dont.
4. ce que.
5. ce que.
6. ce qui.
7. ce que.
8. ce dont.
9. ce qui.
10. ce qui.
11. ce dont.
12. ce que.
13. ce qui.
14. ce dont.
15. ce qui.
16. ce dont.
17. ce qui.
18. ce qui.
19. ce qui.
20. ce que.

■ Exercice 9
1. Celui que.
2. celui dont.
3. celui où.
4. Celles que.
5. celles qu'.
6. celle qui.
7. ceux dont.
8. celui qui.
9. ce que.

■ Exercice 10
1. lesquelles.
2. lequel.
3. lesquelles / qui.
4. lesquelles.
5. laquelle.
6. lesquels / qui.
7. lesquels / qui.

■ Exercice 11
1. au bord de laquelle.
2. au milieu duquel.
3. en face duquel.
4. à côté de laquelle.
5. en haut duquel.
6. au milieu desquelles.
7. au fond de laquelle.
8. loin desquels.

■ Exercice 12
1. auxquelles.
2. auquel.
3. auxquelles.
4. auxquels.
5. auxquelles.
6. auquel.
7. à laquelle.
8. auxquels.

■ Exercice 13
1. avec qui je peux
   discuter.
2. sans qui je ne
   pourrais pas vivre.
3. pour qui j'ai
   de l'admiration.

4. à qui je peux me
   confier.
5. auprès de qui
   je trouve la paix.
6. en qui j'ai confiance.
7. sur qui je peux
   compter.
8. avec qui j'ai envie
   de tout partager.
9. loin de qui je me
   sens seule.
10. chez qui tout
    me plaît.

BILAN

■ Exercice 1
1. dont.
2. qui.
3. qui / lesquels.
4. dont.
5. auquel.
6. où.
7. que.
8. dont.
9. qui.
10. que.
11. desquels.
12. que.
13. qui.
14. où.
15. dont.

■ **Exercice 2**

1. dont.
2. lequel.
3. auquel.
4. que.
5. qui / lesquels.
6. que.
7. où.
8. lequel.
9. qui.

10. dont.
11. qui.
12. qui.
13. dont.
14. auxquels.

■ **Exercice 3**

1. que.
2. où.

3. dont.
4. où.
5. que.
6. lequel.
7. dont.
8. qui.
9. qui.
10. que.
11. laquelle.

L'INFINITIF

■ **Exercice 1**
1. vivre différemment.
2. ne rien prévoir.
3. lire.
4. faire du sport.
5. se promener.
6. écrire.
7. dormir.
8. s'amuser.
9. ne pas travailler.
10. ne pas avoir d'obligations.
11. sortir le soir.
12. aller à la plage.
13. envoyer des cartes postales.
14. peindre.
15. ne rien organiser à l'avance.

■ **Exercice 2**
1. d'avoir fait.
2. d'avoir voyagé.
3. de s'être amusé.
4. de s'être fait.
5. d'être sorti.
6. de s'être éloigné.
7. d'avoir vécu.
8. d'avoir connu.
9. d'avoir essayé.

■ **Exercice 3**
1. ne plus être dans notre environnement.
2. ne plus voir nos amis.
3. ne jamais avoir une maison aussi belle.
4. ne plus nous baigner.
5. ne plus nous promener sur la plage.
6. ne pas trouver les mêmes commerçants.
7. ne plus connaître personne.
8. ne plus rien faire comme avant.

■ **Exercice 4**
1. J'ai peur de ne pas avoir bien répondu.
2. J'ai peur de ne pas bien m'être présentée.
3. J'ai peur de ne pas avoir fait bonne impression.
4. J'ai peur de ne pas m'être bien expliquée.
5. J'ai peur de ne pas avoir été assez claire.
6. J'ai peur de ne pas avoir eu les bons réflexes.
7. J'ai peur de ne pas m'être assez mise en valeur.

■ **Exercice 5**
1. tu n'as pas pu partir.
2. j'ai voulu partir.
3. Il m'a fallu trouver.
4. J'ai dû aller.
5. je n'ai pas pu trouver.
6. J'ai dû faire.
7. personne n'a voulu s'arrêter.
8. j'ai dû attendre.

■ **Exercice 6**
1. Je suis allée faire.
2. est venue me rejoindre.
3. sommes parties nous promener.
4. j'ai couru attendre.
5. je suis rentrée les faire déjeuner.
6. je suis retournée les conduire.
7. je suis partie travailler.
8. je suis rentrée me changer.
9. je suis descendue prendre.
10. nous sommes sortis dîner.

■ **Exercice 7**
1. Est-ce que tu le vois pleurer quelquefois ?

2. Je l'entends rarement se plaindre.
3. Ils l'écoutent raconter des histoires.
4. Elle les fait rire à chaque fois.
5. Elle ne les laissera peut-être pas entrer.
6. Elle l'a regardé avancer sans bruit.
7. Est-ce que tu l'as déjà entendu chanter ?
8. Il ne les laisse pas s'exprimer.

■ Exercice 8
1. Je l'ai entendu sortir.
2. je l'ai vu porter.
3. je l'ai vu descendre.
4. Je l'ai aussi entendu parler.
5. je l'ai vu mettre.
6. Je l'ai regardé refermer.

■ Exercice 9
1. de laisser.
2. de ne pas oublier.
3. d'avoir bien éteint.
4. de partir.

5. d'avoir déposé.
6. d'avoir pensé.
7. de ne pas avoir.
8. de ne trouver aucune mauvaise surprise.

■ Exercice 10
1. ne pas m'attendre.
2. me dépêcher.
3. m'en aller.
4. me mettre d'accord.
5. être retardé.
6. d'être obligé.
7. prendre.
8. avoir relues.
9. avoir corrigées.
10. vous inquiéter.

■ Exercice 11
1. font.
2. laissent.
3. laissent.
4. laissent.
5. faire.
6. faire.
7. faire.

BILAN

■ Exercice 1
1. ne pas être.
2. diriger.

3. encadrer.
4. quitter.
5. s'être expliqué.
6. avoir présenté.
7. de changer.
8. s'être trompé.
9. d'avoir manqué.
10. le garder.
11. tenter.

■ Exercice 2
1. vous avoir tout dit.
2. vous avoir caché quelque chose.
3. ne l'avoir jamais vu.
4. la connaître.
5. vous mentir.
6. être allé.
7. me coucher.
8. en avoir.

■ Exercice 3
1. l'avoir fermée.
2. être pris.
3. avoir mangé.
4. s'approcher.
5. t'être douché.
6. te faire repasser.
7. te renseigner.
8. les arroser.
9. te plaire.

LES TEMPS DU PASSÉ

■ **Exercice 1**
1. tricotait.
2. jardinait.
3. fumait.
4. faisait.
5. cueillaient.
6. bricolaient.
7. rangeait.
8. jouaient.
9. lisait.

■ **Exercice 2**
1. suis partie.
2. avons passé.
3. ai conduit.
4. sommes arrivées.
5. ne nous sommes pas arrêtées.
6. avez eu.
7. a fait.
8. êtes allées.
9. avons loué.
10. avons acheté.
11. vous êtes reposées.
12. n'avons pas voulu.

■ **Exercice 3**
1. les as laissées.
2. ne les ai pas prises.
3. les ai oubliées.
4. as fait.
5. J'ai mis.

6. ne les as pas posés.
7. les ai vus.
8. ont disparu.
9. ne se sont pas volatilisés.
10. ne les as pas perdus.

■ **Exercice 4**
1. j'habitais.
2. avaient.
3. était.
4. pleurait.
5. faisait.
6. se sont débarrassés.
7. recevaient.
8. mettaient.
9. m'empêchait.
10. j'en ai eu.
11. J'ai appelé.
12. est arrivée.
13. ont déménagé.
14. adoraient.
15. sentait.
16. sont partis.

■ **Exercice 5**
1. était.
2. sortaient.
3. souriaient.
4. étaient.
5. tenait.
6. regardait.

7. se préparaient.
8. a retenti.
9. étaient.
10. se sont envolés.
11. s'est écroulé.
12. a hurlé.
13. s'est penché.
14. a entendu.

■ **Exercice 6**
1. s'est bien passé.
2. suis arrivée.
3. ne connaissais personne.
4. semblait.
5. j'avais.
6. ne parlaient pas.
7. as fait.
8. j'ai suivi.
9. j'ai pris.
10. j'ai fait.
11. est devenu.

■ **Exercice 7**
1. Alexandrine, 12 ans, écrivait des poèmes étranges. Le soir, elle se couchait tout habillée. Le matin, elle refusait de manger. Un jour, dans un de ses rêves, elle a reçu la visite d'un extra-terrestre.

2. Édouard vivait avec sa famille et voulait plaire à toutes les femmes. Un jour, il a rencontré Hélène, une jeune femme. Ils sont tombés amoureux l'un de l'autre mais leur amour n'a pas duré.

3. Un ingénieur chimiste poursuivait ses recherches. Un jour, il a trouvé la formule miracle qui devait lui permettre de faire fortune mais il a dû lutter contre un concurrent.

■ **Exercice 8**
1. Ils étaient partis.
2. Tu avais perdu.
3. Nous nous étions donné rendez-vous.
4. Tu avais oublié.
5. Il n'avait pas prévenu.
6. Elles avaient commencé.
7. Il ne m'avait rien dit.
8. Il s'en était aperçu.
9. Vous étiez arrivés.
10. On était venu.

■ **Exercice 9**
1. *f.*
2. *c.*
3. *e.*
4. *g.*
5. *a.*
6. *b.*
7. *h.*
8. *d.*

■ **Exercice 10**
1. Paul n'avait pas encore fini ses devoirs.
2. Agathe n'avait pas complètement fini le repassage.
3. Elle n'avait pas du tout rangé sa chambre.
4. Les garçons ne s'étaient pas encore mis en pyjama.
5. Tu ne t'étais pas encore préparé.
6. Tu n'avais pas eu le temps d'appeler un taxi.
7. Mais au moins tu m'avais acheté des fleurs.

■ **Exercice 11**
1. n'a pas pu.
2. avait perdu.
3. est allée.

4. avait laissé.
5. lui ont proposé.
6. n'avaient pas encore dîné.
7. l'ont invitée.
8. ont passé.

BILAN

■ **Exercice 1**
1. j'ai vu.
2. ne l'avais pas vu.
3. ne l'ai pas trouvé.
4. a changé.
5. avait déjà changé.
6. avait fermé.
7. a démissionné.
8. ont eu.
9. est devenu.
10. ont déménagé.

■ **Exercice 2**
1. a passé.
2. c'était.
3. avez fait.
4. s'est promenés.
5. a visité.
6. a fait.
7. a découvert.
8. coupaient.
9. vendaient.

10. suspendaient.
11. as appris.
12. sommes allés.
13. avons vu.
14. j'avais discuté.
15. m'avait beaucoup parlé.

■ **Exercice 3**
1. J'ai toujours voulu.
2. J'avais.
3. j'ai écrit.
4. j'écrivais.
5. étions.
6. j'avais demandé.

7. J'étais.
8. figurait.
9. J'avais prévu.
10. s'appelait.
11. réunissait.
12. avait.
13. êtes devenu.

LE FUTUR

■ Exercice 1
1. Tu vas m'écouter, oui ?
2. Vous allez écrire une rédaction.
3. Prenez des notes ou vous allez tout oublier.
4. Vous allez ouvrir votre livre à la page 23.
5. Arrête ou je vais me fâcher !
6. Nous allons étudier la Révolution française demain.
7. Je vais dicter lentement.
8. Je ne vais pas le répéter deux fois.
9. Nous allons préparer le spectacle de Noël.

■ Exercice 2
1. retrouverez.
2. obtiendrez.
3. devrez.
4. permettra.
5. vous montrerez.
6. prendrez.
7. aideront.
8. garderez.
9. serez.
10. aurez.

11. penserez.
12. réapparaîtront.
13. connaîtrez.
14. ira.
15. déborderez.
16. semblera.

■ Exercice 3
1. sera.
2. J'irai.
3. m'accompagnera.
4. attendra.
5. séjourneront.
6. y aura.
7. animera.
8. fera.
9. retrouverons.
10. assisterons.
11. présenteront.
12. serviront.
13. s'achèvera.
14. conduirai.

■ Exercice 4
1. va pleuvoir.
2. pleuvra.
3. allons mettre.
4. mettras.
5. mourrons.
6. va mourir.
7. allez voir.
8. verra.

9. ferai.
10. allons faire.
11. va falloir.
12. faudra.
13. sortiras.
14. vais sortir.

■ Exercice 5
1. va sortir.
2. vais la chercher.
3. vas attraper.
4. vas arrêter.
5. vais me fâcher.
6. vas aller.
7. vais m'asseoir.
8. me diras.
9. en auras assez.
10. rentrerons.

■ Exercice 6
1. serai.
2. y aura / va y avoir.
3. ne va jamais pouvoir.
4. te raconterai.
5. vais me débrouiller.
6. vas voir.
7. va commencer.
8. ne vais rien comprendre.
9. n'allons pas bien voir.
10. ne vas pas nous gâcher.
11. t'expliquerai.
12. iras.

■ Exercice 7

1. aura accepté.
2. aura adapté.
3. serons mis.
4. aura lu.
5. aurai choisi.
6. auront signé.
7. aurons décidé.

■ Exercice 8

1. Quand je l'aurai cirée.
2. Quand je les aurai repeintes.
3. Quand je les aurai nettoyées.
4. Quand je l'aurai réparée.
5. Quand je les aurai lavés.

■ Exercice 9

1. Quand tu auras fini tes études, tu trouveras un travail.
2. Lorsque tu auras trouvé un travail, tu économiseras de l'argent.

3. Aussitôt que tu auras économisé de l'argent, tu achèteras une maison.
4. Dès que tu auras acheté une maison, tu te marieras.
5. Quand tu te seras marié, tu me donneras un petit-fils.
6. Aussitôt que tu m'auras donné un petit-fils...

BILAN

■ Exercice 1

1. aurons organisé.
2. ferons.
3. allons nous installer.
4. ferons.
5. va le décider.
6. nous seront parvenus.
7. je prendrai.
8. enverrez.

9. vais étudier.
10. réussirons.

■ Exercice 2

1. nous occuperons.
2. montrerons.
3. aura visité.
4. aura vu.
5. emmènerons.
6. se reposera.
7. encouragerons.
8. sera.
9. aura goûté.
10. se sera habituée.
11. manqueront.
12. rentrera / sera rentrée.

■ Exercice 3

1. vais te montrer.
2. pourras.
3. aurai trouvé.
4. vais commencer.
5. va téléphoner.
6. appellera.
7. pourras.
8. vais aller.
9. auras servi.
10. décrochera.
11. sera.

LE SUBJONCTIF

■ Exercice 1

1. reviennent,
   reviennes.
2. comprennent,
   comprennent.
3. lisent, lise.
4. suivent, suive.
5. dorment, dorment.
6. partent, partes.
7. reçoivent, reçoive.
8. peignent, peigne.
9. grandissent,
   grandisse.
10. appellent, appelles.

■ Exercice 2

1. réponde, répondiez :
   répondre.
2. aie, ait : avoir.
3. puissions, puisse :
   pouvoir.
4. veuille, vouliez :
   vouloir.
5. sache, sachions :
   savoir.
6. sois, soient : être.
7. aille, allions : aller.
8. fassiez, fassent : faire.

■ Exercice 3

1. soit entré, qu'il ne
   soit pas entré.
2. soient partis, qu'ils
   ne soient pas partis.

3. ayons prévenu,
   que nous n'ayons pas
   prévenu.
4. se soient souvenues,
   qu'elles ne se soient
   pas souvenues.
5. ayez rejoint, que vous
   n'ayez pas rejoint.
6. j'aie peint, que
   je n'aie pas peint.
7. se soient promenées,
   qu'elles ne se soient
   pas promenées.
8. aies pris, que
   tu n'aies pas pris.

■ Exercice 4

1. Je suis heureuse que
   vous soyez intervenu
   en sa faveur.
2. Nous sommes
   désolés que tu aies
   manqué ce rendez-
   vous.
3. Je regrette que mes
   propos vous aient
   blessé.
4. Je suis navrée que
   vous n'ayez pas reçu
   le bon document.
5. C'est stupide que
   je me sois trompé
   de dossier.

6. Elle est fâchée que
   tu n'aies pas répondu
   à son invitation.

■ Exercice 5

1. Je déteste que
   les gens parlent
   pendant le film.
2. J'adore rire et
   pleurer.
3. J'aime bien être assise
   au premier rang.
4. J'ai horreur que
   des gens me fassent
   changer de place
   pour s'asseoir.
5. Ça m'énerve que
   les gens ne soient pas
   à l'heure.
6. Je suis ravie de
   manger des pop-corn
   avec les enfants.
7. Je suis toujours
   heureuse de voir
   un bon film.

■ Exercice 6

1. demande que, soyez.
2. (demande) que,
   acceptiez.
3. (demande) que,
   puissiez.

4. <u>interdit que</u>, preniez.

5. (<u>interdit que</u>), perdiez.

6. (<u>interdit</u>) <u>que</u>, changiez.

7. <u>veux que</u>, soyez.

8. (<u>veux</u>) <u>que</u>, connaissiez.

9. <u>exige que</u>, obéissiez.

10. (<u>exige</u>) <u>que</u>, fassiez.

■ **Exercice 7**

1. <u>vous trouvez ça normal qu'</u>, dise.

2. <u>je trouve inadmissible qu'</u>, puisse.

3. <u>c'est grave que</u>, fasse.

4. <u>il est important que</u>, apprennent.

5. <u>il est bon que</u>, sachent.

6. (<u>il est bon</u>) <u>qu'</u>, soient.

7. <u>il est temps que</u>, prenions.

8. (<u>il est temps</u>) <u>que</u>, revenions.

■ **Exercice 8**

1. <u>Il vaudrait mieux que</u>, annonciez.

2. (<u>Il vaudrait mieux</u>) <u>que</u>, fassiez.

3. <u>il serait plus prudent que</u>, parliez.

4. <u>il faudrait que</u>, puisses.

5. (<u>il faudrait</u>) <u>que</u>, dises.

6. <u>ce serait préférable que</u>, montriez.

7. (<u>ce serait préférable</u>) <u>qu'</u>, discutiez.

8. <u>il serait bon que</u>, j'aille.

9. (<u>il serait bon</u>) <u>que</u>, j'essaie/j'essaye.

■ **Exercice 9**

1. vous soyez calme et détendu.

2. vous réfléchissiez bien.

3. vous connaissiez votre sujet à fond.

4. vous vous soyez couché tôt.

5. vous ayez bien dormi.

6. vous ayez préparé des questions.

7. vous répondiez clairement.

8. vous ayez une bonne présentation.

■ **Exercice 10**

1. <u>c'est bizarre qu'</u>, ne soient pas.

2. <u>c'est curieux qu'</u>, n'aient pas appelé.

3. <u>je ne suis pas sûre que</u>, aies donné.

4. <u>il faudrait qu'</u>, essaye / essaie.

5. <u>je n'ai pas envie qu'</u>, attende.

6. <u>il est possible qu'</u>, soient déjà partis.

7. (<u>il est possible</u>) <u>qu'</u>, voie.

8. <u>tu ne veux vraiment pas que</u>, téléphone.

9. <u>j'en ai assez qu'</u>, perde.

10. <u>je ne suis pas certaine qu'</u>, aient compris.

■ **Exercice 11**

1. trouvera, soit.

2. n'a pas consulté.

3. va découvrir, puisse.

4. va guérir.

5. soit, va sortir.

6. aient été.

7. n'est.

■ **Exercice 12**

1. je ne crois pas qu'ils gagnent.

2. je ne pense pas que ce soit le meilleur de tous.

3. je ne crois pas que, dans cette épreuve, il ait marqué des points.

4. je ne suis pas sûr qu'ils soient en tête du classement.

5. je ne crois pas qu'ils aient perdu.

6. je ne pense pas qu'ils fassent match nul.

■ Exercice 13

1. il l'ait pris.

2. elle en ait laissé un.

3. ils s'en soient souvenus.

4. il l'ait achetée.

5. elles y soient allées.

6. ils y soient passés.

BILAN

■ Exercice 1

1. Je ne crois pas que ce soit une bonne idée.

2. je ne suis pas sûr qu'il sache en faire.

3. Je ne pense pas que ça l'intéresse.

4. il est possible qu'il le revende tout de suite.

5. J'ai peur qu'on ne le voie plus souvent à la maison.

6. je crains qu'il ne fasse pas ses devoirs.

7. je ne veux pas qu'il passe ses soirées au téléphone.

8. Il vaut mieux qu'on lui offre autre chose.

■ Exercice 2

1. soient.

2. puisse.

3. sont.

4. se fasse.

5. veuille.

6. aillent.

7. ont.

8. travaillons.

9. produisons.

10. gardions.

11. ne doit pas.

■ Exercice 3

1. vas.

2. dises.

3. parle.

4. soit.

5. soyons devenus.

6. ayons.

7. se comporte.

8. agisse.

9. nous séparions.

10. vienne.

11. voudras / veux.

12. fasse.

13. redevienne.

14. s'arrange.

LE CONDITIONNEL

■ Exercice 1
1. *b* / *h.*
2. *f.*
3. *i* / *k* / *l.*
4. *c* / *e.*
5. *a* / *g.*
6. *d* / *j.*
7. *f* / *h.*
8. *a* / *g.*
9. *i* / *k* / *l.*
10. *i* / *k* / *l.*

■ Exercice 2
1. partirais.
2. entrerait.
3. se coucheraient.
4. descendrions.
5. reculerais.
6. sauriez.
7. divorcerait.
8. ralentirais.
9. éteindriez.
10. oublierais.

■ Exercice 3
1. Il / Elle / On dessinerait.
2. Nous coudrions.
3. Vous colleriez.
4. Vous jardineriez.
5. Je / Tu sculpterais.
6. Ils / Elles peindraient.
7. Il / Elle / On tricoterait.
8. Nous tisserions.
9. Vous photographieriez.
10. Ils / Elles broderaient.

■ Exercice 4
1. aurait dit.
2. ne se seraient pas trompés.
3. auriez menti.
4. nous serions disputés.
5. te serais tu.
6. aurais protesté.
7. n'aurait rien compris.
8. ne serait pas arrivé.

■ Exercice 5
1. ne se seraient pas réveillés.
2. aurions dormi.
3. n'aurais pas mangé.
4. aurait bu.
5. ne serait pas sortie.
6. seriez resté(e)(s).
7. ne se serait pas rasé.
8. serais parti(e).

■ Exercice 6
1. Ça te dirait de boire un café ?
2. Ça ne vous plairait pas de passer la soirée avec nous ?
3. Vous n'aimeriez pas aller à l'opéra ?
4. Ça te plairait d'inviter quelques copains ?
5. Ça vous dirait de partir en week-end ?
6. Tu ne voudrais pas faire un petit voyage ?

■ Exercice 7
1. À votre place, je ferais du yoga.
2. Si j'étais vous, j'arrêterais de fumer.
3. Tu pourrais faire un régime sans sucre.
4. Tu devrais sourire plus souvent.
5. Si j'étais vous, je prendrais des cours.
6. Vous devriez partir en voyage organisé.
7. À votre place, je démissionnerais.
8. Si j'étais toi, je sortirais et je verrais du monde.

■ Exercice 8

1. Tu devrais réagir.
2. À ta place, je ne perdrais pas.
3. Si j'étais toi, je m'inscrirais.
4. je me lèverais.
5. je lirais.
6. tu devrais en parler.
7. tu pourrais te connecter.
8. À ta place, je n'hésiterais pas.
9. tu devrais prendre.

■ Exercice 9

1. j'aurais dû.
2. aurais pu.
3. n'aurais pas attendu.
4. ne lui aurais pas parlé.
5. ne me serais pas mise.
6. aurait dû.
7. j'aurais pris.
8. n'aurais pas cherché.

■ Exercice 10

1. Je pourrais.
2. Connaîtriez-vous.
3. Sauriez-vous.
4. Pourriez-vous.
5. Vous auriez.
6. Auriez-vous vu.
7. Serait-il.

■ Exercice 11

1. C'est certain.
2. Ce n'est pas certain.
3. Ce n'est pas certain.
4. C'est certain.
5. C'est certain.
6. Ce n'est pas certain.
7. C'est certain.
8. Ce n'est pas certain.
9. Ce n'est pas certain.
10. C'est certain.

■ Exercice 12

1. aurait quitté.
2. se serait rendue.
3. aurait pris.
4. aurait voyagé.
5. vivrait.
6. aurait appris.
7. n'aurait pas supporté.
8. serait.

BILAN

■ Exercice 1

1. j'aurais voulu.
2. ce serait.
3. aurais aimé.
4. aurait fallu.
5. auriez dû.
6. pourriez.
7. aurais bien aimé.
8. aurait.

9. pourrait.
10. je pourrais.
11. faudrait.
12. dirait.
13. aurais préféré.

■ Exercice 2

1. J'aimerais.
2. voudrais.
3. aurais pu.
4. aurais dû.
5. j'aurais fait.
6. J'aurais pu.
7. aurait fallu.
8. devrais.
9. faudrait.
10. j'aurais dû.
11. ferait.
12. aurais.
13. voudrais.

■ Exercice 3

1. ne te dirait pas.
2. pourrait.
3. se serait abattue.
4. compterait.
5. voudrais.
6. n'aimerais pas.
7. aurait disparu.
8. seraient.
9. aurait.
10. voudrais.
11. j'aurais pu.
12. j'aurais dû.
13. téléphonerais.
14. proposerais.

LE PASSIF

■ Exercice 1

1. Forme active.
2. Forme passive.
3. Forme passive.
4. Forme active.
5. Forme active.
6. Forme passive.
7. Forme passive.
8. Forme active.

■ Exercice 2

1. *b.*
2. *h.*
3. *e.*
4. *c.*
5. *g* / *i.*
6. *d.*
7. *j.*
8. *f.*
9. *a.*

■ Exercice 3

1. refait*e.*
2. remplac*ées.*
3. débarrass*ée.*
4. repeint*e.*
5. recouvert*s.*
6. oblig*és.*
7. relog*ée.*
8. dérang*és.*
9. mis.

■ Exercice 4

1. Notre nouveau président vient d'être élu.
2. Le candidat avait été très applaudi par ses partisans.
3. La loi va être votée au parlement.
4. Les députés ont été retenus jusqu'à l'aube.
5. Le premier ministre est soupçonné d'avoir menti.
6. Une réunion interministérielle sera exceptionnellement convoquée demain.

■ Exercice 5

1. serez accueillis.
2. serez conduits.
3. serez invités.
4. serez attendus.
5. serez conviés.
6. sera consacrée.
7. seront réunis.
8. seront raccompagnés.

■ Exercice 6

1. J'ai été réveillé par un coup de tonnerre en pleine nuit.
2. J'ai été tiré de mon lit.
3. La vitre a été cassée par un violent coup de vent.
4. J'ai été légèrement blessé par les morceaux de verre.
5. J'ai été appelé par un de mes enfants.
6. Il avait été paniqué par le bruit.
7. Nous avons été retrouvés serrés l'un contre l'autre.

■ Exercice 7

1. les accords entre Somica et la SDB ont été rompus.
2. le trafic sera interrompu sur la ligne 4 du métro.
3. le musée des arts premiers sera inauguré.
4. une bande de cambrioleurs a été arrêtée.
5. le pont entre Pordic et Grande-Île sera ouvert.
6. les otages ont été libérés.

7. une baisse des impôts a été annoncée.

■ Exercice 8
1. Sens actif.
2. Sens passif.
3. Sens passif.
4. Sens actif.
5. Sens passif.
6. Sens passif.
7. Sens actif.
8. Sens actif.
9. Sens passif.
10. Sens actif.

■ Exercice 9
1. s'utilise.
2. se branche.
3. s'entend.
4. se conduit.
5. s'entretient.
6. se gare.
7. se voit.

■ Exercice 10
1. Le match se jouera au Grand Stade.
2. Ce sport se pratique en plein air.
3. La sélection s'est faite le week-end dernier.
4. Les résultats s'affichaient automatiquement.

5. Le stade s'est rempli peu à peu.
6. Les mêmes règles s'appliquent à tous les joueurs.

■ Exercice 11
1. Il s'est fait nommer directeur de l'association.
2. Il ne s'est pas fait sponsoriser.
3. Elle vient de se faire désigner secrétaire générale.
4. Ils ne vont pas se faire appuyer par le président.
5. Je me ferai élire député.
6. Ils se sont fait dénoncer par leurs adversaires.
7. Tu viens de te faire licencier.

■ Exercice 12
1. Je me suis fait renverser en traversant la rue.
2. Elle s'est fait conduire d'urgence à l'hôpital.
3. Elles se sont fait soigner par un pharmacien.

4. Ils se sont fait raccompagner chez eux.
5. Tu t'es fait mettre en arrêt maladie.
6. Vous vous êtes fait opérer quelque temps plus tard.

■ Exercice 13
1. s'est fait cambrioler.
2. s'est fait voler.
3. nous faire rembourser.
4. s'est fait agresser.
5. ne s'est pas encore fait indemniser.
6. se faire prendre.
7. va se faire installer.
8. ne se fera pas dévaliser.

BILAN
■ Exercice 1
1. *P.*
2. *P.*
3. *A.*
4. *A.*
5. *P.*
6. *P.*
7. *A.*
8. *P.*
9. *P.*

10. *A.*

11. *A.*

12. *P.*

13. *A.*

14. *P.*

15. *A.*

■ Exercice 2

1. Je me suis fait voler.
2. ça ne se laisse pas.
3. ça s'enlève.
4. Ça se vole.
5. je me suis fait arrêter par la police.
6. je vais me faire enlever.

7. vient de se faire retirer.
8. je me l'étais fait offrir par mon père.

■ Exercice 3

Mesdames et Messieurs, bonsoir. Soirée exceptionnelle pour la première de « Jour et nuit », l'opéra sur la vie de Nicolas Fouquet *qui a été écrit par Rose Vincent* (1). *Cet opéra se jouera* (2) pendant trois mois. *Les chanteurs ont été choisis par l'auteur lui-même* (3). Ce soir, *beaucoup de monde est attendu* (4). *Toutes les places ont été vendues* (5). La salle se remplit peu à peu. *Les spectateurs sont accueillis par des jeunes filles en costume d'époque* (6). *Elles ont été choisies* (7) parmi les élèves d'un cours de théâtre. Il est presque 21 heures ; *le rideau va bientôt se lever* (8). Je vous rappelle que *le spectacle sera retransmis en entier par notre radio* (9). Bonne soirée.

LE DISCOURS RAPPORTÉ

■ Exercice 1
1. si.
2. ce que.
3. comment.
4. avec qui.
5. ce que.
6. si.
7. comment.
8. pourquoi.

■ Exercice 2
1. ce qu'.
2. pourquoi.
3. ce que.
4. si.
5. ce qui.
6. si.
7. ce qui.

■ Exercice 3
1. prévenu / annoncé.
2. répondu / affirmé.
3. voulu savoir / demandé.
4. rappelé / souligné.
5. dit / demandé.
6. demandé / voulu savoir.
7. expliqué / précisé.
8. demandé / rappelé.

■ Exercice 4
1. d'.
2. de.
3. que.
4. de.
5. que.
6. si.
7. que.
8. ce que.

■ Exercice 5
1. s'il sort encore avec Julie.
2. où il va après les cours.
3. s'il rentre chez lui directement.
4. ce qu'il fait le soir.
5. s'il a parlé d'elle.
6. ce qu'il pense d'elle.

■ Exercice 6
1. que tout va bien.
2. qu'elle m'apporte.
3. qu'elle n'a pas pu.
4. qu'elle essaiera.
5. elle sera avec toi.
6. qu'ils n'ont pas reçu.
7. si nous pouvons les leur.
8. ce qui a été décidé.
9. qu'ils pensent les revoir avec nous.
10. qu'elle me retrouve.
11. qu'elle risque d'être en retard.
12. que nous l'attendrons.
13. qu'elle espère que tu pourras.

■ Exercice 7
1. d'où je venais.
2. pourquoi je rentrais si tard.
3. ce que j'avais fait.
4. avec qui j'étais.
5. où j'étais allée.
6. ce que j'allais dire à ma mère.
7. si je lui dirais la vérité.
8. et quand est-ce que je ferais mon travail.

■ Exercice 8
1. va radicalement changer.
2. s'éloigne.
3. fera.
4. doivent.
5. il ne faut pas qu'ils fassent.
6. n'ont pas reçu.
7. sont menacées.
8. pourront.

■ Exercice 9

1. avait eu.
2. avait été marquée.
3. avait même eu souvent.
4. elle avait.
5. n'avait.
6. permettrait.
7. elle avait.
8. allait collaborer.
9. aurait.
10. était.
11. voulait.

BILAN

■ Exercice 1

1. si.
2. avez / aviez.
3. que.
4. étaient.
5. si.
6. sera.
7. de.
8. trouver.

9. si.
10. conviendra.
11. si.
12. avons.
13. que.
14. seriez.
15. s'.
16. avait.
17. ce que.
18. vouliez.
19. qu'.
20. avait.
21. qui.
22. peut.
23. ce que.
24. dois.
25. de.
26. répondre.

■ Exercice 2

1. s'il pourrait vous donner vos.
2. que vous deviez vous présenter à l'ouvreuse directement parce que la caisse serait.
3. les portes allaient fermer.
4. de se dépêcher.

■ Exercice 3

1. quels étaient mes points forts.
2. comment est-ce que je les avais connus.
3. ce qui m'intéressait dans ce poste.
4. ce que je ferais dans dix ans.
5. quelles étaient mes prétentions salariales.
6. qui m'avait appris à faire du vélo.
7. ce que je cherchais dans la vie.
8. quelle était la couleur de mon âme.
9. ce qui se passerait si le soleil ne brillait plus.
10. si je me marierais.

LE PARTICIPE PRÉSENT ET LE GÉRONDIF

■ Exercice 1
1. Réussir.
2. Prévoir.
3. Agir.
4. Croire.
5. Lire.
6. Fondre/Fonder.
7. Miser.
8. Peigner/Peindre.
9. Vivre.
10. Tendre.

■ Exercice 2
1. Voyant.
2. Faisant.
3. Sachant.
4. Plaçant.
5. Étant.
6. Ayant.
7. Connaissant.
8. Comprenant.
9. Voyageant.
10. Réfléchissant.
11. Interdisant.
12. Craignant.

■ Exercice 3
1. Ayant pris.
2. Étant intervenu.
3. Ayant dit.
4. Ayant éteint.
5. N'ayant pas reçu.
6. Ayant été.
7. Ayant eu.
8. S'étant expliqué.
9. Ne s'étant pas souvenu.

■ Exercice 4
1. maîtrisant.
2. justifiant.
3. pouvant.
4. sachant.
5. nécessitant.
6. possédant.
7. connaissant.
8. ayant.
9. permettant.
10. s'adressant.
11. ne craignant pas.

■ Exercice 5
1. N'ayant pas reçu.
2. Ne pouvant pas.
3. N'ayant pas la possibilité.
4. Ayant enregistré.
5. Les articles étant.
6. Notre ligne téléphonique étant.

■ Exercice 6
1. Complétez en utilisant des pronoms démonstratifs.
2. Recopiez les phrases en remplaçant les pointillés par l'expression correcte.
3. Réécrivez les phrases en ajoutant des mots de liaison.
4. Faites une seule phrase en reliant les deux éléments.
5. Recopiez les phrases en corrigeant les erreurs.
6. Améliorez le dialogue en tenant compte du niveau de langue.
7. Transformez le texte en choisissant des mots plus précis.

■ Exercice 7
1. En allumant.
2. en faisant.
3. en essayant.
4. en voulant.
5. En descendant.
6. en fermant.
7. En faisant.
8. En me rasant.
9. en mangeant.
10. en traversant.

■ Exercice 8

1. en arrivant.
2. en te promenant dans la rue.
3. en sortant de chez toi.
4. en abordant quelqu'un dans la rue.
5. en prenant de l'argent au distributeur.
6. en conduisant.

■ Exercice 9

1. en levant, en retirant.
2. en riant, en le fixant.
3. en réfléchissant, en buvant.
4. en s'énervant, en frappant.
5. en agitant, en courant.
6. en se mettant, en s'asseyant.

■ Exercice 10

1. En misant sur « Croque tout ».
2. En investissant dans notre société.
3. En réussissant cette vente.
4. En nous faisant confiance.
5. En plaçant bien leur argent.
6. En revendant tes actions maintenant.
7. En suivant bien mes conseils.

BILAN

■ Exercice 1

1. glissant, en glissant.
2. en partant, partant.

3. tremblant, en tremblant.
4. en vieillissant, vieillissant.
5. en buvant, Ayant bu.

■ Exercice 2

1. Désirant.
2. apprenant.
3. ayant étudié.
4. Ayant suivi.
5. en se détendant.
6. en prévoyant.
7. Comptant.

■ Exercice 3

1. En rentrant.
2. pénétrant.
3. En m'approchant.
4. photographiant.
5. fouillant.
6. en criant.
7. mesurant.
8. portant.

LE TEMPS

■ Exercice 1

1. Pendant /
   Au cours de.
2. pendant, dès / à.
3. d'ici.
4. à partir de / dès.
5. dans, après.
6. en, pendant.

■ Exercice 2

1. Les cours du Louvre
   ont commencé
   il y a un trimestre.
2. Il y a plusieurs mois
   que je m'étais
   inscrite.
3. Le cycle sur l'Égypte
   s'est terminé il y a
   trois semaines.
4. Il y a deux jours que
   le programme sur
   l'Extrême-Orient
   a débuté.
5. Il y a une semaine
   que le temple
   d'Angkor nous
   a été présenté.
6. Monsieur Singh
   a fait sa conférence
   sur l'art indien il y a
   quelques jours.

■ Exercice 3

1. depuis.
2. il y a.
3. depuis.
4. depuis.
5. il y a.
6. depuis.
7. depuis.
8. il y a.

■ Exercice 4

1. en, pendant.
2. après.
3. dans.
4. du ... à la.
5. Depuis.
6. dès.
7. depuis, pour.
8. entre ... et.
9. d'ici.

■ Exercice 5

1. dès que.
2. au moment où.
3. Maintenant que.
4. aussitôt que.
5. Pendant que.
6. Au moment où.
7. Tant que.
8. après que.
9. pendant que.
10. En attendant que.

■ Exercice 6

1. Maintenant que.
2. chaque fois qu'.
3. Pendant qu'.
4. jusqu'à ce qu'.
5. Depuis que.
6. Au moment où.
7. tant que.
8. Dès que.
9. pendant qu'.
10. aussitôt qu'.
11. au fur et à mesure
    que.
12. avant que.
13. Aussi longtemps
    que.

■ Exercice 7

1. au moment où
   l'avion décolle.
2. en attendant que les
   bagages soient
   enregistrés.
3. lorsque je suis
   passé(e) au contrôle
   des passeports.
4. aussi longtemps que
   nous avons survolé
   la Suisse.
5. jusqu'à ce que l'avion
   atterrisse.
6. avant qu'il n'y en ait
   plus.

7. pendant que tu allais chercher un taxi / pendant que tu es allé chercher un taxi.

■ Exercice 8

1. Je t'appellerai dès que je reviendrai.
2. Il m'a tout raconté au moment où il partait.
3. Il m'a téléphoné deux fois depuis que je suis arrivé(e).
4. Je te préviendrai dès que j'aurai reçu la lettre.
5. Elle ne donne plus de nouvelles depuis qu'elle a échoué au bac.
6. Il n'ont pas pu la joindre pendant qu'elle voyageait.
7. Tu viendras dîner après que j'aurai déménagé.

■ Exercice 9

1. Il gardera la chambre tant qu'il aura de la température. / Tant qu'il aura de la température, il gardera la chambre.
2. Elles pourront sortir dès qu'elles auront repris des forces. / Dès qu'elles auront repris des forces, elle pourront sortir.
3. Valérie marchera avec une béquille tant qu'elle aura mal à la cheville. / Tant qu'elle aura mal à la cheville, Valérie marchera avec une béquille.
4. Tu arrêteras le traitement lorsque tu seras en forme. / Lorsque tu seras en forme, tu arrêteras le traitement.
5. Vous pouvez reprendre le travail maintenant que vous vous sentez mieux. / Maintenant que vous vous sentez mieux, vous pouvez reprendre le travail.
6. Je suis resté près de lui jusqu'à ce que la fièvre disparaisse. / Jusqu'à ce que la fièvre disparaisse, je suis resté près de lui.

■ Exercice 10

1. Les voleurs ont été jugés après avoir passé deux mois en prison.
2. Le jury a annoncé sa décision après avoir longtemps discuté.
3. Les étudiants mettront peut-être fin à la grève après avoir été reçus par le ministre.
4. Les ministres se sont mis d'accord après avoir discuté longtemps.
5. Le champion a repris la compétition après être resté absent deux mois.
6. L'autoroute est de nouveau ouverte à la circulation après avoir été plusieurs mois en travaux.

BILAN

■ Exercice 1

1. avant que.
2. avant qu'.
3. jusqu'à ce qu'.
4. Avant que.
5. jusqu'à ce que.
6. après que.

■ **Exercice 2**

1. depuis que.
2. Chaque fois que.
3. dès que.
4. Au fur et à mesure que.
5. jusqu'à ce que.
6. Au début de.
7. pendant.
8. depuis.
9. il y a.
10. en attendant d'.
11. avant qu'.
12. Au cours de.
13. avant.
14. une fois que.
15. jusqu'à ce que.

■ **Exercice 3**

1. pour.
2. Au cours d'.
3. Aussitôt qu'.
4. jusqu'à.
5. vers.
6. pendant.
7. Au fur et à mesure.
8. jusqu'à ce que.
9. en.
10. Tant que.

LA CAUSE, LA CONSÉQUENCE, LE BUT

■ **Exercice 1**
1. Faute de.
2. Vu.
3. étant donné.
4. grâce à des.
5. À force de.
6. à cause des.
7. sous prétexte d'.
8. en raison d'.

■ **Exercice 2**
1. grâce à.
2. à cause de.
3. Par manque d'.
4. À force de.
5. faute de.
6. grâce à.
7. à force de.
8. vu / étant donné.
9. Étant donné / Vu.

■ **Exercice 3**
1. La mairie sera fermée en raison des fêtes de Noël. / En raison des fêtes de Noël, la mairie sera fermée.
2. La nouvelle piscine ne sera pas construite faute de moyens financiers. / Faute de moyens financiers, la nouvelle piscine ne sera pas construite.

3. Le toit de la gendarmerie s'est envolé à cause de la tempête. / À cause de la tempête, le toit de la gendarmerie s'est envolé.
4. La cantine ne fonctionnera pas étant donné la grève des employés municipaux. / Étant donné la grève des employés municipaux, la cantine ne fonctionnera pas.
5. L'incendie a été éteint grâce à l'intervention des pompiers. / Grâce à l'intervention des pompiers, l'incendie a été éteint.
6. Le projet sera abandonné vu les difficultés rencontrées. / Vu les difficultés rencontrées, le projet sera abandonné.

■ **Exercice 4**
1. puisque tu as mal à la gorge.

2. puisque tu as la tête qui tourne.
3. puisque tu as de la fièvre.
4. puisque tu as des vertiges.
5. puisque tu as des nausées.
6. puisque tu as mal au dos.
7. puisque tu te sens fatiguée.

■ **Exercice 5**
1. pourquoi.
2. parce que.
3. puisque.
4. parce qu'.
5. comme / puisque.
6. Pourquoi.
7. puisque.
8. comme / puisque.
9. pourquoi.
10. Parce qu'.

■ **Exercice 6**
1. car.
2. À force de.
3. sous prétexte que, à cause de.
4. grâce à.
5. Étant donné que.
6. grâce à.
7. car.

8. À force d'.
9. sous prétexte qu', à cause de.
10. Étant donné que.

■ **Exercice 7**

1. Je me suis offert une croisière aux Caraïbes.
J'ai gagné au loto *alors* je me suis offert une croisière aux Caraïbes.
2. Toute la famille est restée là.
Mon fils s'est cassé la jambe, *du coup* toute la famille est restée là.
3. Ils ont pris le train.
Les avions étaient complets *donc* ils ont pris le train.
4. Il viendra avec nous en Italie au lieu de travailler.
Son entreprise ferme en août, *c'est pour ça* qu'il viendra avec nous en Italie au lieu de travailler.
5. Nous irons camper.
Nous n'avons pas assez d'argent pour nous payer l'hôtel, *alors* nous irons camper.

6. Les passagers doivent modifier leur date de départ.
Aucun train ne circulera le 20 décembre, *par conséquent* les passagers doivent modifier leur date de départ.
7. Nous avons finalement décidé d'aller faire du ski.
Il a beaucoup neigé, *c'est pourquoi* nous avons finalement décidé d'aller faire du ski.

■ **Exercice 8**

1. tellement de ... qu'.
2. tellement tard qu' / si tard qu'.
3. au point que / à tel point que.
4. tellement ... que.
5. trop ... pour.
6. trop ... pour qu'.
7. si bien que / au point que / à tel point que.
8. assez de ... pour que.

■ **Exercice 9**

1. Elle a été suivie par plusieurs millions de personnes.
L'émission était tellement intéressante qu'elle a été suivie par plusieurs millions de personnes.
2. J'ai écrit au courrier des lecteurs.
Je n'étais pas d'accord avec le journaliste si bien que j'ai écrit au courrier des lecteurs.
3. Le journal a reçu beaucoup de lettres de protestation.
Le dossier était incomplet à tel point que le journal a reçu beaucoup de lettres de protestation.
4. On ne peut pas les montrer au journal télévisé.
Les images sont trop violentes pour qu'on puisse les montrer au journal télévisé.
5. Les téléspectateurs sont mécontents.
Les chaînes passent tellement de publicité que les téléspectateurs sont mécontents.

6. Ils n'intéressent pas les lecteurs.
Les articles sont trop longs pour intéresser les lecteurs.

7. Les auditeurs sont bien informés.
Le journaliste donne assez de détails pour que les auditeurs soient bien informés.

■ **Exercice 10**

1. pour que.
2. afin de.
3. de peur que.
4. pour que.
5. de peur de.
6. de peur que.
7. pour.

■ **Exercice 11**

1. pour.
2. pour.
3. afin que.
4. afin que.

5. de peur de.
6. de peur qu'.
7. afin que.
8. de peur de.

BILAN

■ **Exercice 1**

1. Comme.
2. donc.
3. pour.
4. de peur d'.
5. car.
6. alors.
7. grâce à.
8. à cause d'.
9. par conséquent.
10. du coup.
11. tellement… qu'.
12. afin qu'.
13. c'est pour cela qu'.
14. pour.
15. si bien que.

■ **Exercice 2**

1. comme.
2. tellement … que.

3. trop … pour.
4. à cause de.
5. ce n'est pas pour ça que.
6. de peur que.
7. donc.
8. sous prétexte qu'.
9. Alors.
10. pour que.
11. Parce que.
12. à force d'.
13. du coup.
14. grâce à.
15. pour.

■ **Exercice 3**

1. Comme (*I*).
2. de peur que (*S*).
3. (de peur) que (*S*).
4. si bien que (*I*).
5. tellement que (*I*).
6. (tellement) que (*I*).
7. à tel point que (*I*).
8. pour que (*S*).
9. car (*I*).
10. c'est pourquoi (*I*).
11. pour que (*S*).

CHAPITRE 15
L'HYPOTHÈSE ET LA CONDITION

■ **Exercice 1**
1. fait, dormirons.
2. comprendra, apprend.
3. avons, nous offrirons.
4. prendras, restes.
5. vous inscrivez, ne vous ennuierez pas.
6. prennent, seront.

■ **Exercice 2**
1. feriez.
2. aviez.
3. mettrais.
4. connaissiez.
5. ne dirais rien.
6. serait.
7. réagiriez.
8. faisait.
9. me réjouirais.
10. pourrais.
11. pouviez.
12. ne changerais rien.

■ **Exercice 3**
1. j'aurais réussi mon concours.
2. si elle avait mieux préparé son dossier.
3. Si nous étudiions plus.
4. Si j'avais obtenu une bourse.
5. si elle n'avait pas pris de cours particuliers.
6. Si vous aviez été attentifs en cours.

■ **Exercice 4**
1. Si j'avais été au courant, je serais venu.
2. S'ils avaient réussi, ils n'auraient pas recommencé.
3. Si nous n'avions pas été malades, nous aurions pu sortir.
4. Si tu avais prévenu, elle ne serait pas restée seule.
5. Si on n'avait pas eu peur, on serait sortis.
6. Si vous n'étiez pas arrivés trop tard, vous auriez vu le début.
7. Si j'avais eu mon agenda, j'aurais pu les appeler.

■ **Exercice 5**
1. au cas où il pleuvrait.
2. au cas où il ferait froid.
3. au cas où la météo annoncerait du mauvais temps.
4. au cas où ce serait dangereux.
5. au cas où nous ne trouverions pas de restaurant ouvert.
6. au cas où il y aurait des embouteillages.
7. au cas où ce serait complet.
8. au cas où il ferait très beau.

■ **Exercice 6**
1. à condition que tu y fasses très attention.
2. à condition que nous rentrions tôt.
3. à condition que vous soyez bref.
4. à condition que tu reviennes avant 6 heures.
5. à condition que tu me le rendes rapidement.
6. à condition que tout soit propre quand je reviens.

■ **Exercice 7**
1. à condition d'être sage.
2. à condition d'avoir fini vos exercices.

3. à condition de m'aider un peu.

4. à condition d'écouter votre maman.

5. à condition d'avoir appris ta poésie.

6. à condition d'avoir terminé ses pâtes.

7. à condition de m'obéir.

■ Exercice 8

1. à condition que.
2. à moins que.
3. à condition que.
4. à moins de.
5. à moins qu'.
6. à condition d'.
7. à moins que.
8. à condition que.

■ Exercice 9

1. à moins d'.
2. à moins que.
3. sauf si.
4. excepté si.

5. à moins d'.
6. en cas d'.
7. à moins qu'.
8. Au cas où.

■ Exercice 10

1. à condition de.
2. excepté si.
3. à moins qu'.
4. au cas où.
5. sauf.
6. à condition que.
7. à moins de.
8. en cas de.

BILAN

■ Exercice 1

1. à condition que.
2. Si.
3. à moins qu'.
4. si.
5. à condition que.
6. Si.
7. si.
8. à moins que.

■ Exercice 2

1. demandes.
2. passerait.
3. accorderait.
4. puisse.
5. avait voulu.
6. n'aurait pas attendu.
7. ne pas s'intéresser.
8. n'aurais plus.
9. irait.
10. j'avais gagné.
11. m'en serais acheté.
12. n'aurais pas eu.
13. refuserait.
14. être mieux payé.

■ Exercice 3

1. à moins d'.
2. Si.
3. En cas d'.
4. Au cas où.
5. à condition qu'.
6. à moins que.
7. sauf.
8. à condition de.
9. Si.

Imprimé en Italie par Rotolito Lombarda
Dépôt légal : 72680 - 06/2006 - Collection n° 23 Edition n° 05
15/5171/2